# 小海豹的料理

[日] BOKU/著

陈娴/译

广东旅游出版社
GUANGDONG TRAVEL & TOURISM PRESS
悦读书·悦旅行·悦享人生

中国·广州

版权登记号 图字：19-2016-182 号



**图书在版编目（CIP）数据**

小海豹的料理 /（日）BOKU 著 ; 陈娴译. - 广州 : 广东旅游出版社, 2016.10
ISBN 978-7-5570-0572-6

Ⅰ. ①小… Ⅱ. ①B… ②陈… Ⅲ. ①食谱 Ⅳ. ①TS972.12

中国版本图书馆 CIP 数据核字 (2016) 第 233111 号

# 小海豹的料理
XIAO HAIBAO DE LIAOLI

[日] BOKU/ 著 陈娴 / 译

◎出版人：刘志松 ◎责任编辑：何阳 梅哲坤 ◎责任技编：刘振华 ◎责任校对：李瑞苑
◎总策划：金城 ◎策划：陈曦 ◎设计：陈启

**出版发行：广东旅游出版社**
地址：广东省广州市环市东路 338 号银政大厦西楼 12 楼
邮编：510180
邮购电话：020-87348243
广东旅游出版社图书网：www.tourpress.cn
企划：广州漫友文化科技发展有限公司
印刷：深圳市精彩印联合印务有限公司
地址：深圳市宝安区松白路 2026 号同康富工业园
开本：787 毫米 ×1092 毫米 1/32
印张：3
字数：37.5 千字
版次：2016 年 10 月第 1 版
印次：2016 年 10 月第 1 次印刷
定价：30.00 元

# 序章

肚子好饿！
绵绵！绵绵！吃了这个就能恢复活力啦！
啪嗒
啪嗒
无精打采……
咻
啊！
哗啦
咚
虽然挺好吃的，但它只是点心，营养还是不够呀！
疼疼疼……
绵绵：用棉花糖制作出的小海豹，有糕点师经验，现在似乎正住在某个家庭的厨房里。
换衣服很麻烦啊，都说了好多次别随随便便就咬……
哎哟
哎哟
波咕：绵绵的好朋友，藏在铃铛蛋糕中，目前还没有人见过真正的他……


02

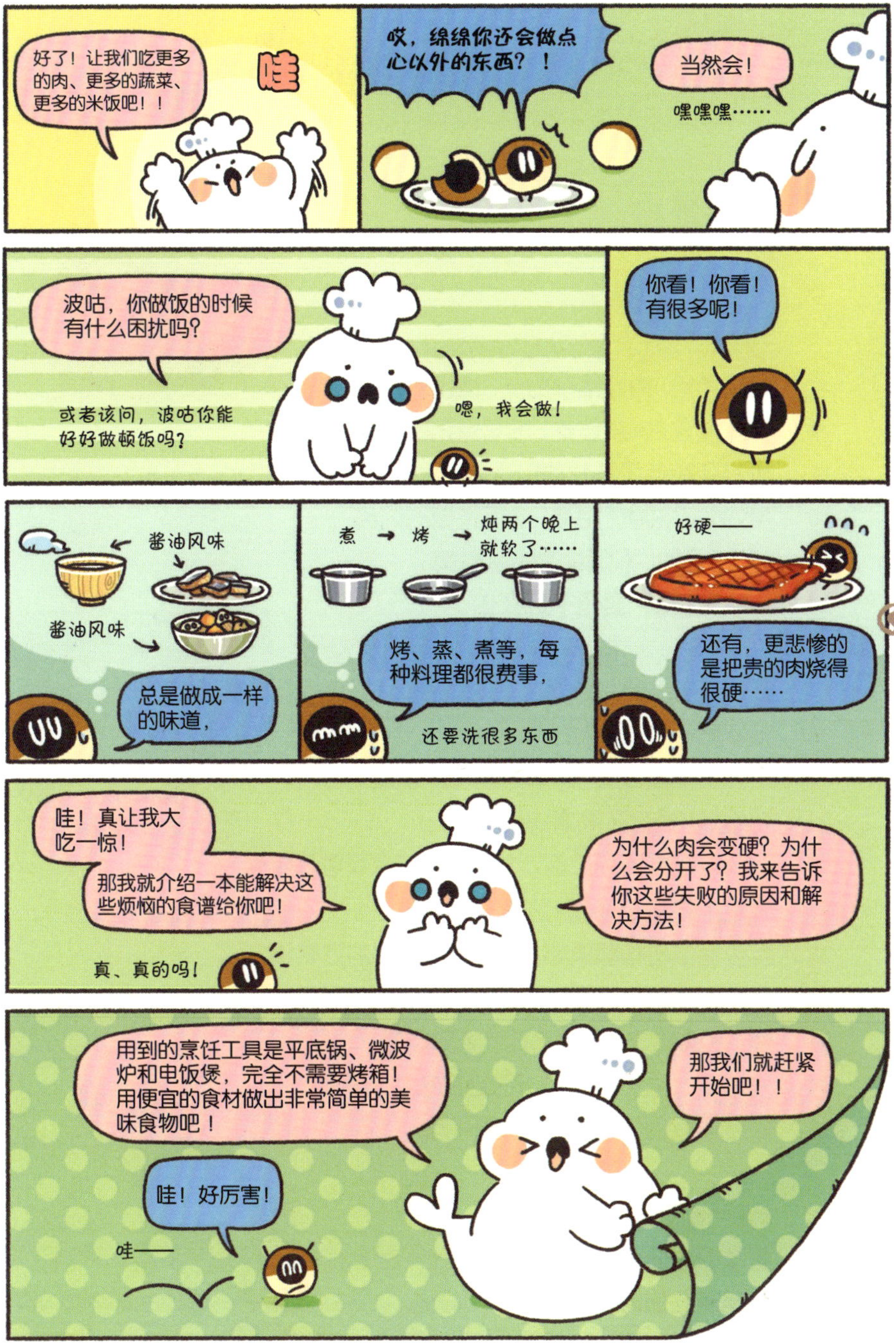

好了！让我们吃更多的肉、更多的蔬菜、更多的米饭吧！！
哇
哎，绵绵你还会做点心以外的东西？！
当然会！
嘿嘿嘿……
波咕，你做饭的时候有什么困扰吗？
或者该问，波咕你能好好做顿饭吗？
嗯，我会做！
你看！你看！有很多呢！
酱油风味
酱油风味
总是做成一样的味道，
煮 → 烤 → 炖两个晚上就软了……
烤、蒸、煮等，每种料理都很费事，
还要洗很多东西
好硬——
还有，更悲惨的是把贵的肉烧得很硬……
哇！真让我大吃一惊！
那我就介绍一本能解决这些烦恼的食谱给你吧！
为什么肉会变硬？为什么会分开了？我来告诉你这些失败的原因和解决方法！
真、真的吗！
用到的烹饪工具是平底锅、微波炉和电饭煲，完全不需要烤箱！用便宜的食材做出非常简单的美味食物吧！
那我们就赶紧开始吧！！
哇！好厉害！
哇——

# CONTENTS

## 第2章 主食篇

# 烹饪之前

1大匙是15毫升，1小匙是5毫升！
这是容量，而不是重量（克）。要注意，不同的材料1大匙的重量会不同！
6g
1小匙水是5克，但是1小匙油就是4克，1小匙酱油的话就是6克，1小匙蜂蜜就是7克！
这本书里不会出现用到烤箱或蒸具的食谱，我们要挑战用平底锅、微波炉和电饭煲来做出饭菜。
用自己喜欢的油！
真的能做出烤牛肉和烧卖！
啪
我们使用的是500瓦的微波炉。但是不同的微波炉，功率和加热方法不同，要分别调整加热时间。
关于微波炉的问题尽管问！
食谱里记载的只是大概的分量和烹饪时间，请根据实际情况进行调整。
也有没被收录的可搭配的蔬菜，多多尝试，找出自己最喜欢的吧。
电饭煲的火力较弱的话，需要增加烹饪时间……
啊呜
啊呜

BOKUNO GOHAN

# 第1章

# 菜肴篇

本章将全方位介绍让常见菜肴更加美味，
用便宜的肉类做出绝赞的主菜，
以及快速做出蔬菜副菜等烹饪技巧！

# 让常见的菜肴更加美味

嗯……
啊呜
啊呜
怎么啦？
啊……你在吃什么？
我做了汉堡牛肉饼，可是到底要怎么做才能让肉质更加柔嫩、更加浓郁多汁呢？是应该多放点酒，还是多加水？
味道也就一般般而已……
嘿嘿嘿
啪
波咕，料理是门科学呀！
啥？！
啊？！
咚
咚
咚
怎……怎么突然这么激动？
吱
咦……
往食材或烹饪工具里加入某某就会变软、某某和某某混合就能分离，这样的规则不是一直都存在吗？你不认为这些就是科学吗？

滔滔不绝
比如鸡肉还是要多汁才美味，因此将鸡皮朝下用高温烧烤的烹饪方法就很常见。
其实这个烹饪方法，就是因为知道鸡肉美味就在于肉汁浓郁这个科学知识，所以才将鸡皮朝下烤制，这样肉汁就能锁在里面了！
哇哇！
哇——这么难啊！
唉
哎呀！抱歉抱歉！也不用想得这么复杂啦。
不知不觉就兴奋了。
换句话说，这就是秘诀吧？如果掌握了“这么做就会好吃哦”这类秘诀的话，料理的技能就会更上一层楼！
嗯
原来如此！我要知道更多那样的秘诀！
最想知道怎么将汉堡牛肉饼做得超级好吃！
干劲十足！
没问题！那我们就赶紧到下一页吧！
哒
嗯？下一页？下一页是什么？
不、不知道啊……我就随口一说……
啪

# 鲜香柔嫩、肉汁浓郁的新口感汉堡牛肉饼

**材料**
（4个分量）

- 洋葱：半个（约100克）
- 麸皮：15克
- 豆奶：2大匙
- 材料A
  - 猪肉牛肉混合肉馅：300克
  - 蛋黄酱：1大匙
  - 肉豆蔻、胡椒、盐：各少许
- 面粉：适量
- 油：适量
- 料酒：2～3大匙

**1** 洋葱切成细粒，在平底锅中炒至透明，盛入盘里备用。

洋葱切成细粒后先冷冻，然后再炒的话，一下子就能变得透明了！

这时将麸皮捻碎，倒入豆奶浸泡。

建议使用无添加的豆奶，也可以用牛奶代替豆奶，不过口感就没有那么柔嫩了！

**2** 将材料A和步骤1的洋葱、麸皮加入盆中，充分揉拌后4等分。像接发球那样在手掌中摔打，使空气被压出。将摔打好的肉饼中央部分轻轻压凹，裹上面粉。

烤不熟的原因是太厚了，然而太薄了的话肉汁又会流走，所以 1.5 ~ 2 厘米是最佳厚度。

**3** 好了，开始烤吧！在平底锅里涂上薄薄的一层油，待锅温热后放入肉饼，盖上锅盖用小火煎烤3分钟。然后翻面，再盖上锅盖煎烤3分钟。最后加入料酒，盖上锅盖焖2分钟就完成啦！

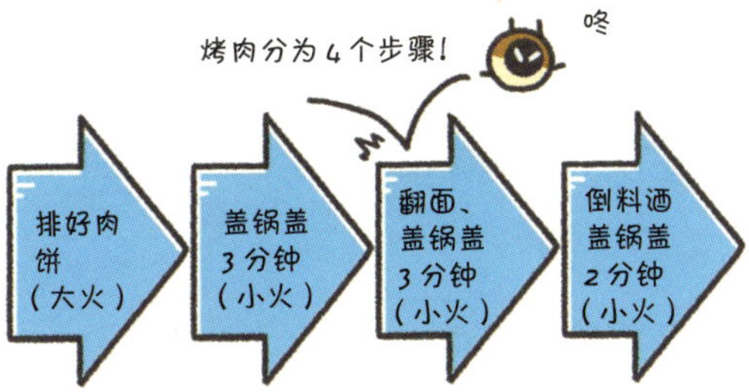


轻轻擦去平底锅中剩余的油，将 40 克番茄酱、40 克大阪烧酱汁倒入加热，就能轻松做出美味的酱汁了！

## 小知识

# 美味浸透！肉质鲜嫩！不易煮化的牛肉土豆

**材料**
（3～4人份）

材料A
- 魔芋丝：50～100克
- 土豆：2～3个（约250克）
- 洋葱：半个
- 胡萝卜：半根
- 薄牛肉片：150克
- 砂糖、料酒：各2大匙
- 味淋：1大匙
- 鲣鱼高汤精：1/2小匙

- 苏打水（无糖）：200毫升
- 酱油：2大匙
- 扁豆：根据喜好调整

**1**

魔芋丝在开水里焯一下，切成合适的长度备用。

土豆切成一口大小，用水清洗表面或者浸泡在水中，这样可以脱去表面的淀粉。洋葱切成半月形，胡萝卜随便切小块。

将材料**A**放入锅中，然后加入苏打水。

## 2

用中小火咕嘟咕嘟炖20分钟，用牙签戳一下确认土豆是否熟透，浇上酱油，根据自己喜好加入扁豆，开大火收汁后就完成了！

### 小知识

# 如云朵般蓬松柔软的煎蛋卷

**材料**
（1个分量）

- 鸡蛋：1个
- 材料A
  - 牛奶：2小匙
  - 盐、胡椒：各少许
- 盐：少许
- 黄油：适量
- 天然芝士：1片，可根据喜好调整
- 番茄酱：根据喜好调整



**1**

分离蛋黄和蛋清，分别放入碗中。将材料**A**加入蛋黄中，混合均匀。

一次可以煎两个鸡蛋，这样就是2～3人份了。

在蛋清的碗里加入盐，可以做出牢固的蛋白霜。将蛋白霜分2～3次加入蛋黄液中，轻快地进行搅拌，不要让泡泡消失！

翻过来蛋白霜也不会掉落，牢固、牢固！

要是有电动打蛋器就轻松了……

## 2

在温热的平底锅里涂上黄油，倒入步骤1的蛋液，盖上锅盖，用微火煎烤约3分钟。

如果加芝士的话，放在圆形蛋液的半边再开始烤。

①倒入平底锅。

②用橡皮刮刀之类的东西轻轻整平表面。

③在圆饼的一侧放上芝士烘烤。

## 3

把蛋饼对折后盛入盘中，浇上番茄酱就能吃啦！

表面稍微有点干的时候就是装盘的时机，也可以根据自己喜欢的口味再烤一会儿！



### 多多尝试更好吃！

#### 罗勒培根煎蛋卷

蛋黄液中加入切碎的罗勒（干罗勒也可以），在步骤2将培根（火腿也行）和芝士一起放入烘烤，浇上肉酱也很好吃！

#### 甜味煎蛋卷

蛋黄液中不要加入盐和胡椒，用1/2大匙砂糖和少许柠檬汁代替，再浇上果酱、蜂蜜或糖水水果即可。

# 用油去除油腻！绝品！电饭煲做的炖肉

**材料**
（2人份）

- 猪肋条肉（块状）：500克
- 油：80毫升

材料A
- 水：450毫升
- 生姜：1片（切薄片）
- 大蒜：2片（切薄片）
- 红辣椒：1只（切圈）
- 大葱（绿色部分）：适量

材料B
- 酱油、醋：各50毫升
- 料酒、砂糖：各3大匙
- 蜂蜜：2大匙

**1** 将猪肉八等分。平底锅里放入油烧热，再加入猪肉，用中火煎约5分钟，直到表面呈金黄色。煎好后用厨房纸巾吸去余油。

其实消除油腻的秘诀就是这个！

嘿嘿嘿……

明明用很多油来煎，却一点也不油腻了，到底是为什么？！大谜题！

**2** 将步骤**1**的肉和材料**A**放入锅里炖10～30分钟，一有浮沫就舀出去。

长时间的炖煮去除了油腻！

大葱的绿色部分和生姜可以去除腥味，会使味道更加鲜美！

**3** 将步骤2中的大葱捞出，剩下的食材放入电饭煲，加入材料B后按下煮饭的按钮。然后就是等待了！

不喜欢油的话可以不用炖肉汁，也可以用等量的400毫升水，不过炖肉汁味道更好。

不喜欢醋的话，也可以减少醋的用量！

将煮熟的鸡蛋剥壳后一起放进电饭煲，也会很好吃！

## 小知识

# 微波5分钟！不用包的绝品烧卖

**材料**
（10～12个分量）

- 卷心菜：100克
- 材料A
  - 猪肉糜：200克
  - 藕：100克（切碎）
  - 生姜（磨泥）：1小匙
  - 淀粉、料酒：各1大匙
  - 鸡精：1小匙
  - 砂糖：1/2小匙
  - 洋葱：1/4个（切碎）
  - 大蒜：1瓣（切碎）
  - 水：1又1/2大匙
  - 芝麻油：1/2大匙
  - 酱油：1小匙
  - 盐：1/4小匙
- 烧卖皮：10～12张
- 芝麻、七味粉、醋酱油：根据喜好调整

**1** 卷心菜切丝，切粗一些，铺在大平底盘上。

将材料**A**放入盆中充分搅拌。

**2** 将馅料10～12等分并搓圆，烧卖皮迅速润湿后盖在馅料上，烧卖皮开口那一面朝下，排列在卷心菜上。

**3** 1张厨房纸巾用水湿透后，盖在步骤**2**的盘子上，再轻轻蒙上保鲜膜。微波炉加热5分钟就完成了！

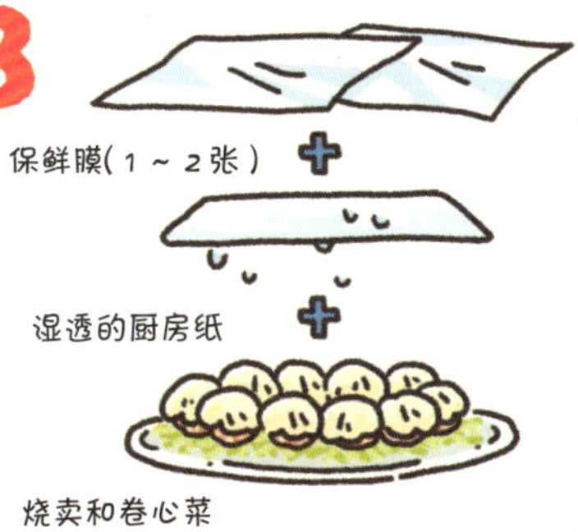

咦？微波炉加热？不用蒸吗？

根据自己喜好撒上芝麻或七味粉，再蘸醋酱油就可以品尝了！

藕粒脆嫩，渗入了肉汁鲜味的卷心菜也十分美味。还可以搭配辣椒油或黄芥末粉。

## 小知识

### 根据不同料理决定放盐的时间

- 搅拌肉糜之前放盐——成品多汁并富有弹性
- 搅拌肉糜之后放盐——成品柔嫩松软

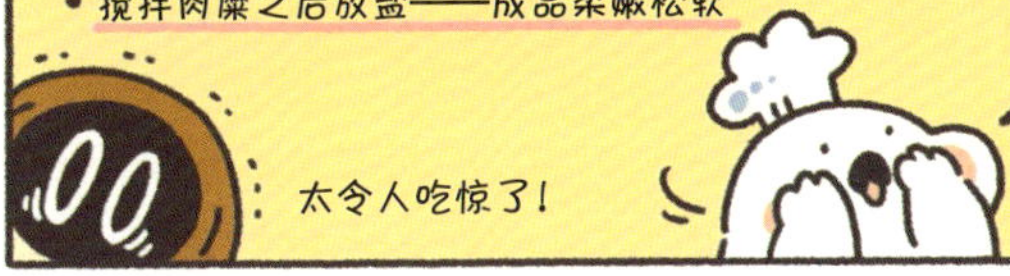


做烧卖时，在搅拌前放盐，就能使肉的蛋白质产生黏性。这种黏性能锁住美味，因此就能做出多汁的成品啦！

# 简单又正宗！健康干烧虾仁

**材料**
（3～4人份）

材料A
- 水：40毫升
- 辣椒番茄酱：1大匙多一点
- 鸡精：2小匙
- 蚝油：1/2小匙
- 淀粉：1大匙

- 油：少许
- 洋葱：半个
- 大蒜：1瓣
- 豆瓣酱：1小匙

材料B
- 虾：400克
- 番茄块（盒装或罐装）：200克

- 生菜：适量

1

混合材料A来制作调味汁。

如果没有辣椒番茄酱，就加入醋、味淋、蜂蜜（砂糖也行）各1小匙。

洋葱和大蒜切碎，虾剥壳、剔除沙线。

切洋葱时产生的大蒜素会令人流泪，使用锋利的菜刀或者把洋葱放进冰箱冷藏后再切，就不容易流泪了！

## 2

平底锅里涂上油，倒入洋葱粒和大蒜粒翻炒。洋葱变软时加入豆瓣酱继续翻炒，加入材料**B**后收汁！

没有番茄块的话，就加入 60 克番茄酱。

但是，番茄块是最好的！豆瓣酱的量根据喜好来调整吧。

## 3

虾变色的时候加入步骤**1**的调味汁，一直炒至黏稠，盛到铺上生菜的盘子里即可！

喜欢调味汁多一点的话，就用 2 倍量的材料 A 和番茄块来做吧！

### 适合的配菜

**香脆的馄饨皮！**

①馄饨皮切成长方形。

②平底锅里涂上薄薄的一层油，加热到中温时放入馄饨皮，煎至变成金黄色就做好了！

与干烧虾仁那黏糊糊的酱汁非常配！

# 用便宜的肉做出绝品料理

牛肉的话，红色要鲜艳，色泽要均匀，瘦肉和脂肪的分界要清晰。如果重量相同的话，就选择厚的那块。
肉汁
500g
与空气接触面积大
肉汁
500g
与空气接触面积小
接触面积小，烘烤后才能做出锁满肉汁的成品！
原来如此！
猪肉因为水分多，所以要选最不容易出汁的那块。
这块不错
猪腿肉的话，分为粉色的内侧腿肉和更红一点的外侧腿肉，内侧腿肉更柔嫩，所以适合做叉烧肉和炒肉！外侧腿肉略硬，经常用于炖菜或猪肉酱汤！
真的！颜色不一样！
鸡肉和猪肉一样，汁液很容易出来，要选最不容易出汁的！
顺便说下，这种汁液被称为滴水！
买鸡肉糜时要检查有没有滴水。
嗯嗯！
新鲜的肉有弹性，检查时“偷偷”按一下！
噗
噗
别按了、别按了！要惹怒店员了！
喂！
Q弹
Q弹
哇哈哈
完成！肉都选好了。
回家去做美味的料理吧！
好！

# 放着就行！超简单鸡肉火腿

**材料**
（2人份）

- 鸡胸肉：1块（约250克）
- 砂糖、盐：各1大匙
- 盐、胡椒：各适量

鸡肉去皮，用砂糖充分抓匀，接着再用盐充分抓匀。

1

一定要按照先放砂糖后放盐的顺序。先用盐抓匀的话，砂糖的味道就不能渗透进去了……

如果鸡胸肉比较大块，砂糖和盐就各放1又1/2大匙。

将鸡肉放入保鲜袋，袋口密封。半天（约12小时）后从袋中取出，放入盆中用大量清水浸泡1小时去除盐分。

## 2

轻轻控去步骤1的水分，撒上盐和胡椒，用保鲜膜卷成糖果状。两端用橡皮筋扎好。

步骤④要紧紧卷起，步骤⑤从左右两边压紧包实并用橡皮筋扎好，这样就能做出漂亮的形状了！

比起细长形，还是胖一点更像火腿呀！

## 3

在锅里放入盖过步骤2食材的水，煮开后放入步骤2的食材。盖上锅盖，用小火煮3～5分钟后关火。放至水冷后就完成了！

小块的就煮3分钟，大块的或者几个一起就煮5分钟。

### 多多尝试更好吃！

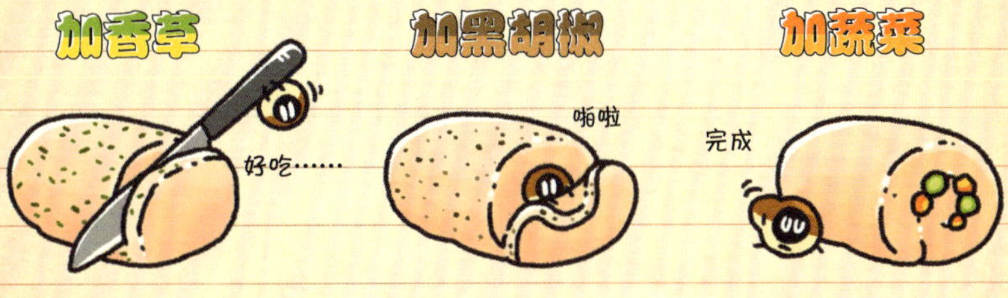


根据个人喜好口味可以将百里香、迷迭香、柠檬草、牛至、罗勒等一起卷进火腿中。

加黑胡椒可以有香辣的口感，在步骤1中揉进蒜泥也很好吃！

用保鲜膜卷起时，可以一起卷入胡萝卜、芦笋等蔬菜，也推荐卷入芝士！

# 不相信就做做看！柔嫩爽滑的水晶鸡片

**材料**
（2人份）

- 鸡胸肉：1块（约250克）
- 盐、胡椒：各少许
- 淀粉：3大匙
- 生菜、黄瓜：各适量

材料A
- 冷面汁：2大匙
- 醋：2小匙
- 豆瓣酱：1/2小匙



**1**

鸡肉切成一口大小的肉片，用盐、胡椒抓匀后再用淀粉裹满所有的鸡肉。

放在碗里裹也行，装在保鲜袋里裹也行。

**2**

锅里放入足量的水煮开后转成中火，将步骤1的鸡肉一片片放入，适当搅拌防止粘在一起。当鸡肉变成白色、浮上水面时便煮好了。

一定要水开后再开始煮肉，温水的话淀粉就会溶化了。

要小心，如果搅拌过头的话，淀粉皮就会剥落。

## 3

将煮好的鸡肉放入筛网中，用流水冲洗冷却或放入装有冰水的盆中冷却。控去水分后，装在铺好生菜丝和黄瓜丝的盘子里。

### 小知识

# 不用炸！松软又健康的醋鸡

## 材料
（2～3份）

- 鸡胸肉：1块（约250克）
- 盐、胡椒：各少许
- 淀粉：3大匙
- 油：少许

材料A
- 胡萝卜：半根
- 红彩椒：半个
- 洋葱：半个
- 青彩椒：1个
- 杏鲍菇：2～3个

材料B
- 醋、砂糖、酱油、番茄酱：各2大匙
- 料酒、淀粉：各1大匙
- 生姜（磨泥）：1小匙
- 水：50毫升

- 紫叶生菜：适量

1

鸡肉切成一口大小的肉片，用盐和胡椒抓匀。再用淀粉裹满所有的鸡肉。

裹好淀粉后，要尽快煎。一旦水分从肉里渗出，淀粉皮就不能很好地附着在肉上面了。

平底锅里涂上油，将肉不重叠地放上去煎。煎至金黄色后，取出放到盘子里备用。

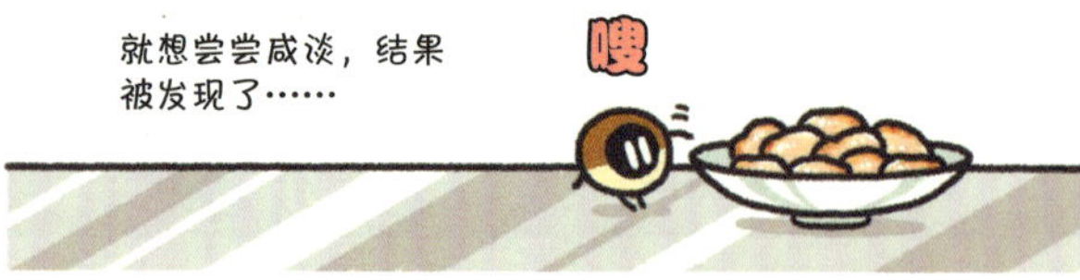

**2** 将材料A都切成一口大小，按照胡萝卜、红彩椒、洋葱、青彩椒、杏鲍菇的顺序炒。

**3** 炒熟后加入步骤1的肉和混合材料B得到的酱汁，煮到酱汁黏稠就可以装盘了！

## 小知识

# 只需煎一煎再浇上酱汁！松软的超辣蛋黄酱拌鸡肉

## 材料
（2人份）

- 鸡胸肉：1块（约250克）
- 盐、胡椒：各少许
- 淀粉：3大匙
- 油：少许
- 杏鲍菇：1袋
- 材料A
  - 蛋黄酱：3大匙
  - 辣椒番茄酱：3大匙
  - 塔巴斯哥辣酱：根据喜好调整
- 沙拉生菜：适量

**1** 鸡肉切片放入盆中，撒上盐和胡椒后加入淀粉裹满所有肉片。

切片时可以倾斜菜刀，切得薄一些。

**2** 平底锅里涂上油，将步骤1的肉片不重叠地放入并开始煎。中途放入斜切的杏鲍菇一起煎会更好吃！

推荐使用不粘平底锅

诱人的声音……

**3**

煎好肉和杏鲍菇后关火，加入混合材料A得到的酱汁，涂在肉上即可。盘子里铺上沙拉生菜，装盘吧！

## 小知识

# 致胜关键就是酸奶！匈牙利番茄鸡

**材料**
（2人份）

- 鸡胸肉：1块（约250克）
- 盐、胡椒：各少许
- 油：少许
- 大蒜：1瓣
- 洋葱：半个
- 红椒粉 ：1大匙
- 材料A
  - 番茄块（盒装或罐装）：200克
  - 浓缩高汤（固体）：1块
  - 蚝油：1小匙
- 酸奶：50克
- 干罗勒：根据喜好调整

**1**

鸡肉切成一口大小，撒上盐和胡椒。平底锅里涂上油，先炒一下切成末的大蒜。

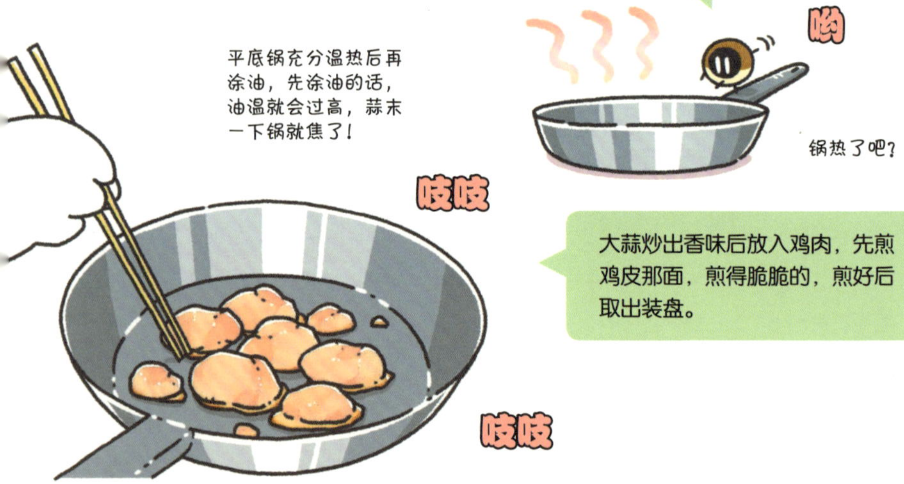


大蒜炒出香味后放入鸡肉，先煎鸡皮那面，煎得脆脆的，煎好后取出装盘。

**2** 继续在锅里炒切成薄片的洋葱，炒好后再加入红椒粉。

这种独特的红椒粉香味……
肚子饿了……流口水……

加入步骤**1**的鸡肉和材料**A**，盖上锅盖用小火煮20～30分钟。

加一片月桂叶一起煮味道会更加香。

**3** 关火后加入酸奶，充分混匀后就完成了，根据个人口味撒上干罗勒。

本来是应该加酸奶油的，这次就用无糖酸奶。

酸奶被加热的话很容易分离，关火后再加就不会失败。

加上通心粉也很好吃！

## 小知识

# 用豆腐做出松脆柔嫩的口感！超简单的炸鸡块

**材料**
（约18个分量）

- 绢豆腐：100克
- 材料A
  - 鸡胸肉肉糜：200克
  - 淀粉：2大匙
  - 蛋黄酱：1大匙
  - 鸡精：1小匙
- 油：适量
- 生菜：适量
- 番茄酱、黄芥末酱：根据喜好调整

1

将豆腐放在垫了厨房纸的盘子上，轻轻盖上保鲜膜，放进微波炉加热2分钟，这样就能轻松去除水分了。

冷却一段时间后放入盆中，加入材料A充分搅拌！

豆腐和蛋黄酱的组合就是松软的秘诀。如果不喜欢蛋黄酱，不使用也可以，不过口感会有区别。

## 2

平底锅里放入油，高约1～2厘米，加热至中温（170摄氏度），用两把勺子，用一次夹起1元硬币大小食材的方法慢慢把步骤1的食材放入锅内，炸至金黄色。

放下的时候要轻轻地，小心烫伤！

锅里油多的话可以炸成球状。平底锅的优点就是用少量的油就能炸好。

## 3

控去油分后，装入铺好生菜的盘子里，蘸上番茄酱或黄芥末酱就可以吃了！

哇哇哇，这是我的份……

哇——比想象的要简单得多！好吃、好吃，有多少我就能吃多少！

## 多多尝试更好吃！

### 加芝士粉

小孩子也非常喜欢芝士口味！

### 加黑胡椒

现磨的黑胡椒是非常好的提味调料！

蘸上甜辣酱和蛋黄酱1：1混合的酱料，也非常好吃！

喜欢吃辣的人，试试在番茄酱里加上塔巴斯哥辣酱——独特的美味！

# 用薄肉片做出柔软口感！芝士猪肉卷

**材料**
（2～3人份）

- 薄猪肉片：250克
- 盐、胡椒：各少许
- 绿紫苏叶：适量
- 天然芝士：适量
- 材料A
  - 鸡蛋：1个
  - 小麦粉：100克
  - 料酒：100毫升
- 面包粉：适量
- 油：适量

1

在方盘里不重叠地排好猪肉片，撒上盐和胡椒，放置10分钟左右。

用猪肉边角料也可以做，同样，肉全部都撒上盐和胡椒。

猪肉中有水渗出的话，可以用厨房纸巾拭去。

渗出的水里会有猪肉的腥味。

撒上盐后如果放置时间过长，鲜味就会消失，所以要小心！

## 2

展开猪肉片，放上1片绿紫苏叶和半片天然芝士，将它们卷起来。

用同样的方法卷完所有的肉。

## 3

盆中放入材料**A**后充分搅拌，浇在步骤**2**卷好的肉上，蘸上面包粉后用180摄氏度的油炸得松脆就完成了！

### 小知识

# 咦，水果和芝士！多汁的苹果猪肉卷

**材料**
（2人份）

- 薄猪肉片：8片
- 盐、胡椒：各少许
- 苹果：半个
- 淀粉：适量
- 油：少许
- 料酒：1大匙
- 材料A
  - 牛奶：2大匙
  - 酱油：1/2小匙
  - 切片加工芝士：2片
- 生菜：适量

**1** 猪肉轻轻撒上盐和胡椒，苹果八等分成半月形。

建议将苹果浸泡在盐水中，这样可以防止变色。

猪肉片的一面裹上淀粉，再把苹果放在有淀粉的那一面，然后卷起来！

要卷牢，防止煎的时候分离。

## 2

平底锅里涂上油，将步骤1的食材摆好，用较弱的中火两面各煎3分钟。煎至金黄色时就可以加入料酒，盖上锅盖烘烤1分钟。

煎肉卷时将接缝处朝下放就可以防止脱落，煎出漂亮的形状！

## 3

将材料A放入耐热容器中，轻轻蒙上保鲜膜，用微波炉加热1分钟。取出打转搅拌后，就成了美味的芝士酱。

用天然芝士的话会出现面疙瘩，这样就失败了，所以一定要用切片的加工芝士来做！



将步骤2的食材装入铺好生菜的平盘里，浇上芝士酱就完成了！

苹果带来的清爽口感让人口水不停流。水果和肉的组合虽然有些令人吃惊，却十分合拍。

### 多多尝试更好吃！

#### 无花果猪肉卷

使用2个无花果。每个四等分，和上面的食谱一样，卷上猪肉，煎好后浇上芝士酱即可。

无花果的口感软糯，超好吃！

这道食谱在秋季一定要试着做一下！

# 只用威士忌和酱油做出的绝品嫩煎猪肉块

**材料**
（2人份）

- 猪里脊肉：2块
- 牛奶：适量
- 材料A
  - 洋葱：半个
  - 蟹味菇：半把
  - 绿芦笋：1根
- 油：适量
- 盐、胡椒：各适量
- 威士忌：1/2大匙
- 番茄：半个
- 酱油：2大匙

**1**

将猪肉切筋处理后放入保鲜袋，倒入正好没过猪肉的牛奶，放进冰箱冷藏30分钟。

这样做能让肉变得柔软。

切筋是指在瘦肉与肥肉之间的筋的位置，间隔2～3厘米划开4～5个切口，如果切口太多肉香就会溜走，变得不好吃了。

我还以为要用捶肉的方法让它变软。不用捶了？

将材料A切成一口大小。平底锅里涂上油，加入盐和胡椒翻炒。

也可以用喜欢的蔬菜代替！

嗯嗯……

## 2

将步骤1的猪肉从袋中取出，用厨房纸巾拭去水分。两面抹上盐和胡椒静置10分钟。加热平底锅中的油，将肉竖着从肥肉部分开始煎，然后煎作为表面的那一面，翻面时迅速在肉中央加入威士忌燃火。

## 3

向步骤2的食材里加入步骤1的蔬菜、切碎的番茄和酱油再煎一下，就会有媲美西餐厅的美味了！

### 小知识

# 使用便宜的牛肉块！绝品烤牛肉

**材料**
（3～4人份）

- 牛腿肉（块状）：350克
- 盐、胡椒：各少许
- 材料A
  - 醋：2大匙
  - 酱油：1大匙
  - 砂糖：1小匙
  - 鱼露：1小匙
  - 绿芥末：1小匙
- 油：少许
- 料酒：1大匙
- 生菜：适量
- 萝卜苗：半袋
- 绿紫苏叶：10片
- 樱桃番茄：5个
- 大蒜：1瓣
- 芝麻：适量

**1** 牛肉上撒盐和胡椒，常温下腌制30分钟。

天气热的话，可以将肉撒上盐和胡椒后放进冰箱腌制。煎之前拿出牛肉，恢复到室温后再煎。

在等待的时候混合材料A做成酱汁。

只要加入鱼露，就一下子变美味了。

## 2

平底锅里涂上薄薄一层油，放入肉煎至表面金黄色。加入料酒后盖上锅盖，用小火继续煎5分钟后取出。取出时小心烫伤，用铝箔纸包住放30分钟备用。

## 3

等步骤2的肉完全冷却后，切成宽约3毫米的薄片，装在铺好生菜的盘子里。在肉上面撒萝卜苗、切丝的绿紫苏叶、切成半月形的樱桃番茄、薄蒜片、芝麻，再浇上酱汁就完成了！

### 小知识

# 蔬菜副菜食谱

顺利做好了，我们来吃吧 ！
我开动了……
肚子都饿扁了。
可是蔬菜完全不够分量啊……
咦？
呃！
嗯……或许是因为我不太能感受到蔬菜料理的魅力呢，只能想到沙拉、炖菜之类的。
哦呵呵
而且你看，肉下面铺着生菜呢！
那点完全不够的！
拖……
你知不知道吃蔬菜很重要呀？
生菜……
嗯，总觉得要均衡营养，各种都要吃呢！
摇啊
摇啊
是谁说的不知道了。
没错，
蔬菜的摄取量每天需要 350 克！
哎？这、这么多……
咕咚
这些量一顿吃的话就太多了，所以分到每餐进食非常重要。
一堆蔬菜。
原来如此。但是如果不吃的话，会有什么不良后果吗？
那么，我们就来谈谈关于营养的话题吧！
吃饭之前简单讲讲吧。
那就求之不得了！

谷物、砂糖、芋头、水果等（碳水化合物），植物油、肉和鱼的脂肪、坚果（类脂质）
提供能量来源
每天吃的米饭、面包、面食类就是这类东西！它们会变成体内的热量。
嘀嘀嘀
肉类、鱼贝类、乳制品、鸡蛋和豆制品等（蛋白质）
构造人体
蛋白质是构成肌肉及内脏器官、血液、骨骼、牙齿等人体组织的最重要的成分！
波咕你就是由蛋白质和铃铛蛋糕构成的！
说到这里好像有点明白了，每天都在吃！
蔬菜、水果、谷物、芋头等（维生素），海藻、奶制品、肝脏等（矿物质）
调整身体状态
嗯？状态具体指……
嗯，比如维生素，南瓜等含有的维生素 E 可以防止细胞老化；柠檬等含有的维生素 C 可以让肌肤更美丽！
充满弹性
女孩子会很开心！
经常腿抽筋的人，就是因为矿物质不足！像这样摄取不足的话，身体就会出现异常……
很痛哦！
咦——
对了，还有！人体很难吸收钙质，但是如果和维生素 D 一起摄入，吸收率就会上升！
木耳里含有大量维生素 D！
原、原来如此……
像这种蔬菜和水果富含的成分，都有很多作用啊！
一定要多吃蔬菜！
至少，绝对不想腿抽筋！
好！为了让你更有兴趣，我就教一些不一样口感的简单蔬菜料理吧！
嘿嘿嘿！
我留在这里待命才不会打扰到你！
一边吃肉一边等着你吧！
咻
过来过来！给我好好学！
啊！

# 醇厚的奶油土豆泥

**材料**
（3～4人份）

- 土豆：3个（约350克）
- 材料A
  - 牛奶：100毫升
  - 黄油：10克
  - 盐：1小匙
- 干罗勒：根据喜好调整

**1** 土豆洗净后切成两半，每2块一起用保鲜膜包好，放入微波炉加热10分钟，完全烤熟后取出去皮。

因为很烫，所以要小心烫伤！

**2** 趁热用捣碎器充分捣碎土豆，加入材料A混合均匀。盛盘后撒上罗勒就完成了！

如果冷了再捣的话会很难捣碎，黄油也无法融化了。

根据个人喜好口味加入芝士粉混合也很好吃！放入烤盘里，加上买来的肉酱，在上面盖上天然芝士后烤一下也很好吃！

也很适合浇上咖喱食用。

# 充满嚼劲的肉味噌豆芽

**材料**
（2人份）

- 豆芽：半袋至1袋
- 黄瓜：半根
- 猪肉肉糜（推荐粗绞）：130克
- 生姜：1片（切末）

材料A
- 料酒：1大匙
- 味淋：1/2大匙
- 赤味噌：1小匙
- 砂糖：1小匙
- 酱油：1/2小匙
- 鸡精：1/2小匙

**1** 将豆芽放入耐热器皿中，用微波炉加热3分30秒。黄瓜切丝备用。

煮豆芽时，在大量开水里加入1小匙色拉油和1小匙盐再放入豆芽。沸腾1分钟左右捞出。豆芽煮好后不能泡在水里，冷却后可以铺开放在盘子里。

**2** 加热平底锅，翻炒猪肉肉糜和生姜。炒熟后加入材料A，边浇边收汁。在盘子里装入步骤1的豆芽和黄瓜丝，将肉味噌放上就完成了！

不涂油也可以，用普通的肉糜也能做。注意不要炒焦了！

加入豆瓣酱或者韩式辣酱，有点辣味也很好吃。

# 浓稠的洋葱汤

**材料**
（1～2人份）

- 洋葱：2个
- 材料A
  - 水：500毫升
  - 培根：90克（切方块）
  - 浓缩高汤（固体）：一块半
- 盐、胡椒：各适量
- 天然芝士：1片
- 干罗勒：根据喜好调整

**1**

洋葱先加热5分钟，然后观察一下，如果变软了就可以了。

洋葱剥皮，十字切至一半左右深度。每个洋葱用保鲜膜包上后，分别放入微波炉加热8分钟。

如果切到底就会四下散开了……

**2**

将步骤1的食材和材料A放入锅中，用小火煮大约5分钟后，用盐和胡椒调味。将芝士十字切至一半，盖在上面，加热至融化。最后装到盘子里撒上干罗勒即可。

哇！洋葱黏黏的，芝士也黏黏的！

洋葱的甜味太让我惊讶了……

可以用香肠代替培根，一样好吃。

# 美味浸透的煮萝卜

**材料**
（2人份）

- 白萝卜：1/3根（约350克）
- 金枪鱼罐头：1罐
- 材料A
  - 水：400毫升
  - 味淋：2大匙
  - 酱油：2大匙
  - 料酒：1大匙
  - 砂糖：1小匙
- 萝卜苗：根据喜好调整



**1** 白萝卜去皮，切成3厘米厚的扇形。装入密封的保鲜袋中，放进冰箱冷冻一下。

要冷冻半天左右。要注意，如果冷冻时间过长，萝卜就会变空了，美味也就消失了！

**2** 将冻萝卜和金枪鱼放入锅中，加入材料A。用铝箔纸做个小锅盖盖上，再将锅盖盖上（不要盖实，稍微露些缝隙），用小火煮10分钟。10分钟后将锅盖和小锅盖揭开，煮到收汁后装入器皿中，撒上萝卜苗就完成了。

将萝卜冷冻，水分就会因为冷冻而膨胀，萝卜的纤维就会被破坏，这样就能更快煮熟，汤汁也容易渗透进去。

金枪鱼皮真好，味道都出来了，真好吃！

# 嫩嫩的山药奶油烤菜

**材料**
（2人份）

- 山药：150克
- 材料A
  - 鸡蛋：1个
  - 冷面汁：1大匙
  - 鲣鱼高汤精：1/2小匙
- 香肠：2根
- 天然芝士：适量
- 海苔丝：适量



**1** 山药磨成泥，加入材料**A**充分搅拌后倒入烘焙瓷盘中。将斜切的香肠均匀加进去后，准备工作就完成了！

**2** 在平底锅中倒入瓷盘高度一半左右的水，加热沸腾后放入步骤**1**的食材，盖上锅盖用中小火蒸10分钟后放入芝士，再盖上锅盖蒸1～2分钟就完成了。最后撒上海苔丝即可。

材料A里加入1/2副明太子、1个圆黏糕、100克绢豆腐也很好吃哦！

# 黏黏滑滑的烤白菜

**材料**
（2～3人份）

材料A
- 白菜：1/4棵（约500克）
- 山药：100克
- 低筋面粉：60克
- 鸡蛋：2个
- 鲣鱼高汤精：2大匙
- 水：60毫升

- 油：适量
- 薄猪肉片：150克
- 虾仁：100克
- 伍斯特郡酱、蛋黄酱、海青菜、木鱼花：各适量

**1**

白菜切成大块，山药磨成泥，将材料A放入盆中充分搅拌。平底锅里放油加热，将搅拌后的食材倒入后，放上猪肉、虾仁，盖上锅盖用小火煎烤6分钟。

我用的是直径26厘米的大平底锅，如果是小一点的锅，可以分两次来烤。

要防止烤得半熟和溢出！

**2**

将步骤1翻面后盖上锅盖，再煎烤4分钟，揭开锅盖散去水汽。盛入盘里，加上伍斯特郡酱、蛋黄酱、海青菜、木鱼花就完成了！

翻面时可以先从锅里滑到盘子里，然后覆上平底锅，用力一翻就能顺利翻面了！

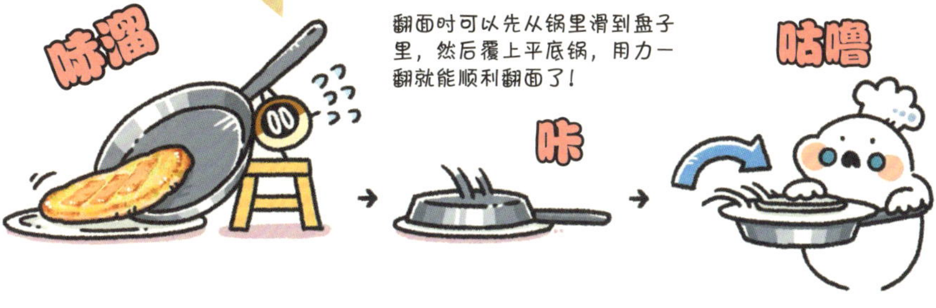

# 专题1

# 便当食谱

## 不用捏的饭团制作方法

①准备一大张海苔。

②中间放上米饭（50克左右）。

③在米饭上放配料。

④再铺上一层米饭（50克左右）。

⑤海苔的上下两边折向中央。

⑥海苔的左右两边也折向中央。

⑦用保鲜膜包好，等海苔贴合后从中间切开。

# 芥末蛋黄酱虾仁饭团

（2个/切开后4个分量）

①60克虾仁用微波炉加热约1分30秒。
②虾仁和1/3个牛油果切成大块，加入1/2小匙酱油、1大匙蛋黄酱、适量绿芥末，搅拌均匀。
③在海苔上放米饭和配料，轻轻撒上盐，做成不用捏的饭团即可。

# 奶油培根意面饭团

（2个/切开后4个分量）

①将200克米饭、30克奶油培根意面酱、20克芝士粉以及少许黑胡椒搅拌均匀。
②准备2片略厚的培根和2个煎蛋（煎蛋最好能对折）。
③在海苔上铺上步骤①的米饭和步骤②的配料，做成不用捏的饭团即可。

# 照烧鸡肉饭团

（2个/切开后4个分量）

①半块鸡腿肉（约150克）切成两半，用平底锅从鸡皮那面开始煎至金黄色。
②向步骤①中加入2小匙酱油，味淋、蜂蜜、酒各1小匙，少许生姜泥和蒜泥，1/2小匙柠檬汁，一边浇汁一边煎至收汁。
③在海苔上铺米饭和切碎的生菜，放上步骤②的鸡肉，根据个人喜好口味加入蛋黄酱和柠檬片，做成不用捏的饭团即可。

# 厚烧蛋卷

（4～5块分量）

①将2小匙淀粉和2大匙水在小碗里混合，放入1小匙砂糖、1/2小匙酱油、1/2小匙鲣鱼高汤精，搅拌均匀。
②向步骤①中打入2个鸡蛋，轻轻搅拌2～3次，搅碎蛋黄。
③在温热的平底锅里涂上油，将步骤②分几次倒入，用中小火卷好就完成了！

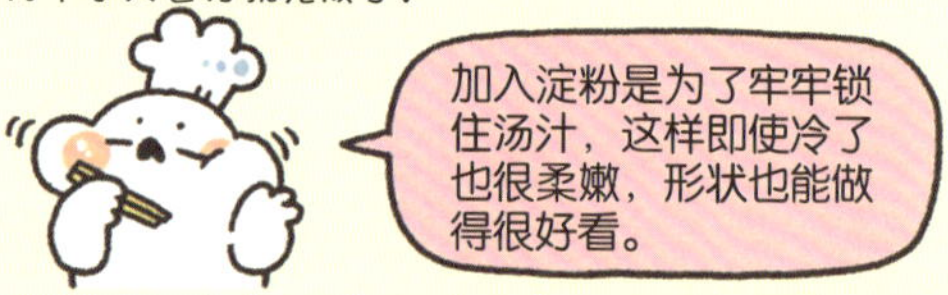


# 蛋皮

（1片分量）

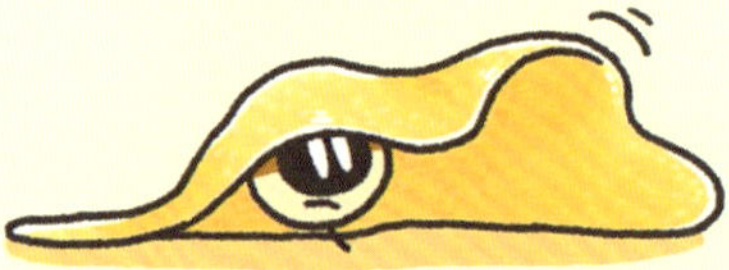

①将2小匙淀粉和2大匙水在小碗里混合，放入少许盐和胡椒，打入鸡蛋后充分搅拌。
②在温热的平底锅里涂上油，将步骤①的鸡蛋液倒入，转动平底锅使之铺成均匀的薄片并烘烤。

# 可爱的迷你煎蛋

（2个分量）

鸡蛋冷冻后，蛋黄就会很有弹性！

①事先将鸡蛋放进冰箱冷冻。
②取出冷冻好的鸡蛋，用微波炉加热20秒，剥去蛋壳后切成两半。
③在温热的平底锅里涂上油，鸡蛋切口朝下，分开放在锅里，盖上锅盖煎。根据个人喜好的口味撒上盐和胡椒即可。

# 香溜蔬菜煎饼

①番茄、西葫芦、茄子等蔬菜切成1厘米见方的小块，裹上一层薄薄的淀粉。
②在小碗里放入半个鸡蛋、1/2大匙芝士粉、适量罗勒、少许盐和胡椒，混合后将步骤①的蔬菜放入搅匀。
③在温热的平底锅里涂上油，将步骤②的食材两面煎熟即可。

撒上咖喱粉也好吃！

# 软软的西式炒蛋

蛋黄酱能使蛋白质的结合变软，所以吃起来会有柔嫩松软的口感。

①在小碗里放入1个鸡蛋、1/2大匙蛋黄酱、少许盐和胡椒，混合均匀。
②在温热的平底锅里放入5克黄油融化，再倒入步骤①大幅度搅匀，至半熟时关火，浇上番茄酱即可。

# 油豆腐包蛋

（4个分量）

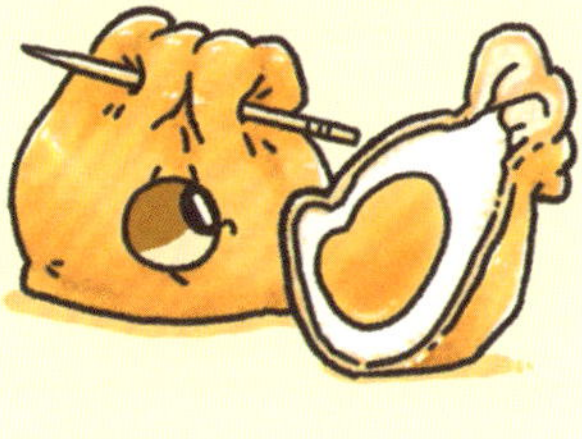

①日式油豆腐在沸水中去油后捞出对半切开，在每个一半的油豆腐里倒入1个鸡蛋，用牙签封住切口。
②小锅里放入200毫升水、2大匙酱油、2大匙砂糖、2大匙味淋、1大匙料酒，将步骤①的油豆腐包放入，盖上锅盖煮7分钟。
③待冷却后，竖着对半切开装盘即可。

# 易做的甜点

## 奶油干酪煮豆

清爽得像西式甜点！

取煮豆重量一半分量的奶油干酪用微波炉加热数秒变软后，浇在煮豆上就好了！

## 南瓜巧克力茶巾绞

还可以放入核桃碎！

（3个分量）

①100克南瓜用微波炉加热3分钟后捣碎。
②趁步骤①还热着时，加入30克切碎的白巧克力，用余温融化后，再加入1大匙豆奶充分搅拌。
③用保鲜膜包上做成茶巾绞。



## 甘薯布丁

推荐使用厚的铝箔托。

（5个分量）

①100克剥了皮的甘薯用微波炉加热3分钟，趁热捣碎，加入20克砂糖、150毫升豆奶、少许香草精，过滤一遍（也可以用食物料理机打碎）。
②4克明胶放入1大匙凉水里泡软后加入步骤①，放入微波炉加热1分钟后搅拌均匀，倒入铝箔托后，放进冰箱冷却即可。

# 第2章

# 主食篇

在这一章我们将学会只用平底锅和电饭煲
就能做的米饭料理，
营养丰富、打破陈规的面食食谱等
简单而又令人满足的主食。

# 用平底锅做饭

哇！！
哎哟
呜！
怎、怎么啦！
电、电饭煲
坏了……
生的
波咕喜欢米饭，
不吃米饭就活不
下去了……
咚
啊呀！哈
哈哈！
放心吧，用平底锅
也能煮出米饭！
噢，平底锅？
怎么回事？！
其实，比起电饭煲，
平底锅做出来的米饭
更好吃！
嗯嗯
？！
什么？！
什么？！
波咕，
你听过这话吗？一开始火
苗忽闪忽闪，中途啪啪大
火，啾啾喷气时小火，溢
出来也不要掀开锅盖。
对、对哦！
好像听过！
这说的就是用烧柴的炉灶
煮饭时的火候，这就是煮
饭的奥义啊！

首先，为了不出现焦煳，用忽闪忽闪的小火温热饭锅。
嗯嗯……
吸水
等全部温热后，一口气加大火力变为大火！
哇哦哦
沸腾
锅里煮开沸腾后转成小火，绝对不能打开锅盖！
关火和蒸焖
但是，如果是一圈都是火的煤气炉，就不需要从一开始用小火。
更适合用大火迅速煮沸，这样美味就被紧紧锁在里面，平底锅锅底的面积大，可以毫无焦煳地煮好分散的米粒！
这样就能做出光泽和美味兼具的米饭！
哇哦！光想象就觉得很好吃了！
调整水分，寻找适合自己口味的硬度也很有趣。调节火力，煮出锅巴也会令人开心。你觉得呢？
喔！锅巴——
说到这里，感觉煮饭也好像是料理的一种呢！
沉思……
米饭几乎每天都要吃，简单易行是最重要的。
只要放在电饭煲里就能煮好饭了。
不过偶尔调节火力，煮一顿异常美味的米饭也不错吧！
啪
心痒
心痒
心痒
别摆架子了，快做吧！
嘿嘿……
快点！

# 只用1个平底锅！西班牙咖喱烩饭

**材料**
（3～4人份）

- 大米：300克
- 鸡腿肉：500克
- 材料A
  - 咖喱粉：1大匙
  - 盐：1/2小匙
- 材料B
  - 大蒜：2瓣
  - 生姜（磨泥）：1大匙
  - 红辣椒：2～3个
  - 月桂叶：2片
- 材料C
  - 青椒：1个
  - 彩椒（红、黄）：各半个
  - 番茄：1个
  - 蟹味菇：1把
- 材料D
  - 水：400毫升
  - 咖喱粉：2大匙
  - 盐：1小匙
- 芝士粉：适量

**1** 首先是准备工作：大蒜切成薄片，青椒和其他彩椒竖切成丝，番茄切成大块，蟹味菇拆散开。

鸡肉切成一口大小，加入材料A抓匀腌制。用平底锅从鸡皮那面开始煎，两面煎好后取出备用。

有时间的话抓匀装进保鲜袋放置20分钟左右，这样味道就可以渗进去了！

## 2

材料B用少许油（材料外）炒出香味后加入材料C继续炒。炒软后加入淘好的大米、步骤1的鸡肉和材料D。

加入月桂叶会有很好闻的香味！

## 3

沸腾后盖上锅盖，用小火蒸烤，15分钟后揭开锅盖，稍微加大一点火力使水分蒸发。

水分蒸干的话就会发出噼啪噼啪的声音！

火力稍微加大一点就能煮出锅巴，更加美味！

装入盘中，撒上芝士粉就可以吃了！

### 多多尝试更好吃！

## 用番茄汁做出简单的西班牙番茄海鲜饭！

材料（4人份）

大蒜：2瓣（切薄片）
喜欢的蔬菜：适量
樱桃番茄：10个

A
大米：300克
蛤蜊（吐沙后）：200克
虾仁：10个
番茄汁：180毫升
水：180毫升
浓缩高汤（固体）：1块

用少量油炒香大蒜后，加入喜欢的蔬菜和樱桃番茄继续炒。再加入材料A翻炒加热至沸腾，同咖喱西班牙烩饭一样，蒸烤15分钟，揭开锅盖使水分蒸发就完成了。

# 用平底锅做出清爽的梅干银鱼饭

**材料**
（3～4人份）

- 大米：300克

材料A
- 水：380毫升
- 酱油：1又1/2大匙
- 生姜：2片（约30克）

材料B
- 银鱼：150克
- 梅干：2～3个（约20克）

材料C
- 小葱：3根
- 蘘荷：适量

1

淘好的大米浸泡在水（材料外）中15～30分钟。趁此时间进行其他材料的准备工作。

切食材和做准备工作会让15分钟一下子就过去了。

生姜切末，梅干去核后切碎，小葱横切成葱花，蘘荷切丝。

2

步骤1的大米滤干水分，和材料A一起放入平底锅中，用中火加热。

将大米放入筛网就能滤干水分了。

锅里咕嘟咕嘟沸腾后，盖上锅盖用小火煮10分钟，待发出噼啪的声音后调成大火加热1分钟左右。发出吱吱的声音时关火，盖上锅盖等待10分钟。

想做锅巴的话，大火加热的时间增加30秒至1分钟。

锅盖上如果有气孔，可以用筷子插上堵住，这样才能做出美味。

①咕嘟咕嘟的状态时盖上锅盖用小火加热10分钟。

②噼啪的状态下用大火加热1分钟后关火。

③等待10分钟。

3

揭开锅盖放入材料B，用勺子切拌后装入碗中，撒上材料C就完成了！

撒上海苔丝或芝麻也很好吃！

## 小知识

# 比用电饭煲做更美味！用平底锅做蛤蜊饭

## 材料
（3～4人份）

- 蛤蜊：300克
- 材料A
  - 水：330毫升
  - 浓缩高汤（固体）：1块
  - 盐：1小匙
  - 蟹味菇：1把
  - 大蒜：2瓣
  - 红辣椒：1根
  - 白葡萄酒：50毫升
  - 橄榄油：1/2小匙
- 罗勒叶、彩椒：根据喜好调整

**1**

搓洗蛤蜊，放置1小时左右吐沙。大米淘好后放在水（材料外）中浸泡15～30分钟。

①蛤蜊放到平底盘中。如果能有那种可以放在食器中的滤网，形成双层过滤就更好了！

滤网在超市有卖的，可以防止吐出的沙再次被贝类吸入。

②在500毫升水里加入1大匙盐制作成盐水，倒入至盖住蛤蜊一半左右的高度。

如果水太多，贝类就会无法呼吸窒息而死……

③用砧板、报纸等盖上阻隔光线。

一般1小时就可以了，可以的话最好泡2～3小时。

这期间进行其他材料的准备工作。在热水中溶化浓缩高汤和盐，用微波炉加热1分30秒。蟹味菇去根拆散，大蒜切末，红辣椒去籽、切圈。

不用辣椒也可以！

**2** 平底锅里放入步骤1中滤干水分的大米和蛤蜊，加入材料A用中火煮，待锅里咕嘟咕嘟沸腾后盖上锅盖，用小火煮10分钟。

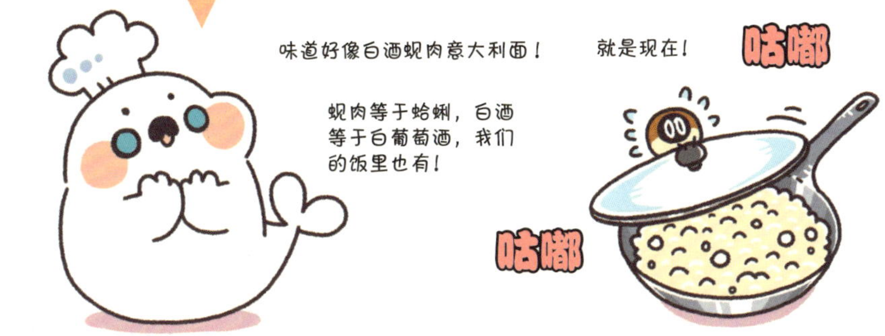


**3** 发出噼啪的声音时，调成大火加热1分钟左右。待发出吱吱的声音时关火，静待10分钟后揭开锅盖，混合米饭后装入盘中，根据个人喜好口味加上切好的罗勒叶和彩椒就完成了！

## 小知识

# 简单！香浓！
# 咔嚓咔嚓的西班牙风情烩意面

**材料**
（2人份）

- 意大利天使面：120克
- 橄榄油：3大匙
- 材料A
  - 大蒜：2瓣
  - 红辣椒：1个
- 材料B
  - 培根：100克
  - 西葫芦：1根
  - 绿芦笋：3根
  - 杏鲍菇：2个
- 材料C
  - 水：180毫升
  - 浓缩高汤（固体）：1块
  - 月桂叶：1片
  - 樱桃番茄：10个
- 欧芹：根据喜好调整

**1** 这道菜使用的是意大利天使面，和日本的挂面（直径不足1.3毫米）差不多细。事先将意面咔嚓咔嚓折成3～5厘米长。

折起来很简单，放进袋子里折就不会弄得到处都是了，这样就很容易了！

大蒜捣碎，红辣椒去籽切圈。将材料B切成易入口大小。然后在水里溶化浓缩高汤，用微波炉加热1分30秒。

如果有番红花的话，和浓缩高汤一起用微波炉加热，这样可以染出漂亮的颜色。只要一点点就能染出足够的颜色了！

## 2

将1大匙橄榄油在平底锅里加热，倒入材料A翻炒。炒出香味后加入材料B，炒至变色后取出装到盘中备用。

换成自己喜欢的蔬菜也行。

## 3

步骤2的平底锅里加热2大匙橄榄油，放入意大利天使面翻炒。同样炒至变色后，将步骤2的食材倒回平底锅中。

吱啦 咕嘟 咕嘟 吱啦 咕嘟 咕嘟

加入材料C，边搅拌边收汁，注意不要煮焦。水分蒸发后，意大利天使面跳来跳去就完成了！根据个人喜好口味撒上欧芹即可。

如果觉得意大利面还硬着，就加点开水再煮一会儿！



## 多多尝试更好吃！

### 西班牙风情海鲜意面

在步骤2的蔬菜炒熟的时候，加入带壳的虾和吐完沙的蛤蜊翻炒后取出装盘。然后炒意大利天使面，先将蔬菜再次放回平底锅内，加入材料C收汁。当水分剩下一半时，再加入鱼贝类，炒到意面跳起来就完成了！

鱼贝类如果煮的时间过长，肉质就会变硬，美味也都溜走了。

用小一点的通心粉或短切意面也可以！

# 只需放入电饭煲

叮!
等一等，那个电饭煲只作为煮饭的工具太浪费啦！
哐
什么？突然出现！
嘿嘿嘿……我是电饭煲精灵!
电、电饭煲精灵？！
我为了教会大家电饭煲的真正使用方法，正在环球旅行中。
闪亮
闪亮
欢迎回家!
反正你就是绵绵对吧!
吱
听我把话说完！
其实现代的电饭煲是可以自动烤、煮、蒸的了不起的料理工具。
可以代替烤箱、平底锅和蒸具!
哎?
煮东西的话，切好食材，和调味料一起放进锅里，按下按钮就行了，也不用去注意火候了。
太……太厉害了！
扑通
而且不会像烤箱那样烫手，非常安全。有小孩的家庭也可以放心做料理了。
只需要按下按钮，谁都能做出美味的料理，还能在这期间做其他的事情!
嘿嘿嘿……
咯吱
还有，因为有保温功能，可以保持温热状态，你一定喜欢吧?
确实！我喜欢热乎乎的!
嗯
嗯
做出的美味料理变冷了，多令人悲伤……

还有其他优点，例如因为加热均匀，所以不用搅拌。
热乎乎
所以也就不容易煮烂！
煮烂的最大原因就是接触过久！
哇，那就能做出既美味又漂亮的菜品啦！
没错！
确实好吃！
啊呜
啊呜
但是要注意——
唰
电饭煲有很多种类，即使用同样的食材和调料，做出来的东西也会不一样！
因此，需要探索出适合自己家电饭煲的口味和状态。
原来如此！
还有，不推荐使用压力式电饭煲来做菜。
微电脑电饭煲和电磁感应加热电饭煲就没问题……
因为出现蒸气时，食材塞得满满的，如果这时打开锅盖，里面的东西就会有四处飞散的风险！
轰隆
哎呀……
好可怕……
只要注意这一点，它就能成为料理的强大伙伴。
好的！明白了！
谢谢绵绵……哦不，是电饭煲精灵！
那就更多地利用电饭煲做好吃的吧！
咕噜
什么什么？好吃的？
刚才好像和谁说话来着？
哎？！
下回预告！
突然消失的电饭煲精灵……
波咕踏上寻找女朋友的旅途。
《波咕·踏上旅程的清晨》
要观看哦！

# “咚”地一声放进电饭煲！整只番茄饭

**材料**
（3~4人份）

- 大米：300克
- 水：适量
- 材料A
  - 培根：100克
  - 绿芦笋：3根
  - 浓缩高汤（固体）：1块
  - 橄榄油：1小匙
- 番茄：1个
- 芝士粉、现磨黑胡椒：各适量

**1** 大米淘好放进锅里，按照平常煮300克大米的刻度加水，然后减去90毫升。

因为会从番茄里出来很多水分。

**2** 培根切丁，绿芦笋切成易入口的大小。往步骤**1**加入材料**A**，最后“咚”地一声在中央放入一整个去蒂的番茄，按下煮饭按钮。

只去掉蒂，整个“咚”地一声放好，如果是小个的番茄就放两个。

哇哦哦哦……

## 3

待饭煮好后捣碎番茄，全部搅拌均匀再盖上锅盖，在保温状态下等待5分钟 。

将番茄饭装进碗里，撒上芝士粉，再根据个人喜好口味撒上现磨黑胡椒就完成了！

## 小知识

# 只需放进电饭煲！粒粒松散的绝品炒饭

**材料**
（3～4人份）

- 大米：300克
- 油：1大匙
- 材料A
  - 培根：100克
  - 大葱：半根
  - 水：340毫升
  - 鸡精：2小匙
  - 蚝油：1小匙
  - 酱油：1小匙
- 鸡蛋：2个
- 盐、胡椒：各少许
- 小葱：根据喜好调整

**1** 大米淘好滤干水分，放入锅里倒入油——要转着圈倒油。

**2** 培根切丁，大葱切碎。向步骤**1**中加入材料**A**，轻轻搅拌后按下煮饭按钮。

接着就只需要等待？！
太、太简单了吧……

## 3

饭煮好后，就来做炒饭用的鸡蛋吧！平底锅加热，倒入少许油（材料外）再倒入加了盐和胡椒、搅拌均匀的蛋液，做成半熟的炒鸡蛋。
吱……
咦？什么？鸡蛋不用全熟也行吗？
将鸡蛋倒入电饭煲，用勺子搅拌一下，在保温状态等待5分钟就好了。可以根据个人喜好口味撒上葱末！
半熟的鸡蛋放进电饭煲后，保温状态的热度下可以做成柔软的熟鸡蛋。
啊呜
啊呜
明白啦！


### 小知识

喂喂！为什么只要将食材放进电饭煲就能做出粒粒松散的炒饭呢？
嘿嘿嘿！
秘密就是水和油！
这次炒饭时加的水比平时煮饭的要少，所以米粒才会粒粒松散。
添加的其他食材也会渗出水分，很容易湿乎乎的，所以要把水控制在最少！
米饭一搅拌就会粘在一起，不过因为放了油，米粒表面形成了一层膜，就不容易粘在一起了。
所以才能做成不结块的美味炒饭。
吱
也不用担心会煮烟，一次做很多也没关系！
我是说米会粘在一起，可没说我们俩会粘在一起……走开！

# 交给电饭煲！绝品韩式参鸡汤

**材料**
（2人份）

- 大米：50克
- 材料A
  - 鸡翅根：6个
  - 大葱（斜切）：半根
  - 大蒜：1瓣（切薄片）
  - 生姜（磨泥）：1小匙
  - 栗子仁：6个
  - 枸杞子：1大匙
  - 水：650毫升
  - 料酒：2大匙
  - 鸡精：1大匙
  - 盐：1撮
- 葱白丝、芝麻、七味粉：根据喜好调整

**1** 将淘好的大米和材料**A**全部放入电饭煲里。

没有枸杞子和栗子也没关系。

被吃光了所以没有了，
这是不行的吧……

50克大米也可以减为35克。35克的话，就是黏稠的米汤。50克的话，参鸡汤就像粥一样，因为味道都渗入到米粒里，特别好吃，所以这道汤我推荐用50克大米。

## 2

按下煮饭按钮开始煮！

## 3

煮好后装到盘里，根据个人喜好口味撒上葱白丝、芝麻、七味粉就可以吃了！

用翅尖代替翅根也很好吃。

### 小知识

# 交给电饭煲！新加坡海南鸡饭

## 材料
（3～4人份）

- 大米：300克
- 鸡胸肉：2块（约500克）
- 盐、胡椒：各适量
- 水：适量

材料A
- 大葱：1根
- 生姜：1片
- 酱油：1小匙
- 盐、胡椒：各少许

材料B
- 砂糖、酱油、醋、朝鲜辣椒、芝麻油：各1小匙

材料C
- 味淋、醋、蜂蜜：各1小匙
- 盐：少许
- 豆瓣酱：适量

- 生菜、彩椒、番茄、欧芹：根据喜好调整

**1** 用叉子在鸡肉带皮的那面戳孔，撒上盐和胡椒，腌制5分钟左右。

这样戳了小孔后，可以防止鸡皮反翘，也能入味。

哦——是这样啊！

大葱切成5厘米的小段，生姜切末。

也可以用生姜酱来代替生姜。

**2** 将淘好的大米放入锅里，加入的水要比平常使用的水稍微少一点，然后放进材料**A**，最后铺上鸡肉，按下煮饭按钮。

**3**

煮饭的时候，分别搅拌混合材料**B**和**C**，做出两种酱汁。

材料B是韩式辣酱汁，材料C是辣椒番茄酱汁。辣椒番茄酱汁的甜度可以根据个人喜好的口味来调整，用蜂蜜或砂糖都可以。

在平盘里铺上生菜，装上米饭、大葱、鸡肉，根据个人喜好口味撒上彩椒、番茄、欧芹就完成了！

米饭渗入美味，边蘸酱汁边吃，原来鸡胸肉也可以做得很好吃！

## 小知识

# 简单！也能当早饭！电饭煲法式咸蛋糕

**材料**
（3～4人份）

- 豆腐：150克
- 材料A
  - 胡萝卜：1/3根
  - 洋葱：1/3个
  - 绿芦笋：2根
  - 加工奶酪：3块
  - 玉米粒：3大匙
- 材料B
  - 松饼粉：150克
  - 鸡蛋：2个
  - 盐：1/2小匙
- 蛋黄酱、番茄酱：根据喜好调整

法式咸蛋糕就是法式的盐味蛋糕，因为加入了很多芝士和蔬菜，所以常常不是作为点心，而是作为饭食在温热的状态下吃。

**1** 将材料**A**的食材都切成小丁。

如果有时间，用少量黄油炒一炒奶酪以外的食材，会让蛋糕更加美味！

也可以用剩下的蔬菜，波咕从现在开始也是要放进冰箱的剩菜……

## 2

在电饭煲里放入豆腐后捣碎，加入材料A和B搅拌混合，按下煮饭按钮。

没有松饼粉的话，也可以用 130 克低筋面粉、3 克发酵粉、7 克砂糖、5 克淀粉来代替。

## 3

煮完后用牙签戳一下检查是否煮熟，如果粘在牙签上的话就再煮一下。煮好后趁热拿出放到蛋糕冷却架上冷却即可。根据个人喜好口味浇上蛋黄酱和番茄酱就可以吃了！

用橡皮刮刀绕着刮一圈，把锅倒过来就能轻松取出来了！

蛋糕冷却架在超市有卖！

### 多多尝试更好吃！

| 热乎乎有点甜的法式咸蛋糕 | 奶油味的法式咸蛋糕 | 下酒菜类的法式咸蛋糕 |
| --- | --- | --- |
|   |   |   |
| （用南瓜、甘薯、洋葱、西蓝花、培根来做。） | （用牛油果、樱桃番茄、洋葱、培根、卡芒贝尔奶酪来做。） | （用芋头、毛豆、洋葱、维也纳香肠、现磨黑胡椒来做。） |

# 面食食谱

这本书终于来到了最后一部分，
做了这么多料理，都有点累了！
哇哈哈，的确做了很多呢！
嗯嗯嗯！
不过午饭怎么办？
咕
还没做，吃面怎么样？
嗯……
怎么了，好像没什么精神啊？
疲劳而没有食欲时，我想可以弄点滑溜溜容易吃的……
波咕说出这种话也不多见啊！
老实说，面食之类的都吃腻了……
哎？真的吗？！
而且都没什么区别。
是、是吗？
你一般都吃什么样的面呢？
嗯……
不说不行吗？
挂面、乌冬或荞麦面加上冷面汁……
意面就用速食酱料拌一拌……

还有，方便面……
那可不行！！
营养也太不均衡了吧，
在蔬菜部分刚刚讲过营养的知识吧！
嗯……
哎哟
别生气嘛，所以我才不想说啊！
咻
我觉得，面食的魅力就在于
既营养丰富又量大！
咕
是、是这样啊。
好吧，我知道了！那为了波咕——
让我们来做异常美味又好看的面食吧！
哇！真的吗？！还会很好看？
扑通
难以想象！
扑通
当然了！
会漂亮得让你从铃铛蛋糕中现出真身哦！
噗
噗
噗
哎……不会吧，你竟然是为了这个？
哇——
嘿嘿嘿！
咔咔

# 奶油味！很健康！豆奶味噌意大利面

## 材料
（2人份）

材料A
- 豆奶：400毫升
- 浓缩高汤（固体）：1块
- 淀粉：1大匙半
- 味噌：2小匙

材料B
- 虾：200克
- 杏鲍菇：1袋
- 洋葱：半个

- 油：少许
- 盐：适量
- 意大利面：200克（2捆）
- 西蓝花：1棵
- 现磨黑胡椒、芝士粉：根据喜好调整

**1**

先搅拌材料**A**做成豆奶味噌汤。

我用的是无添加豆奶，如果用调制豆奶的话就加少许砂糖。

虾剥壳，剔除沙线。杏鲍菇、洋葱、西蓝花切成易入口的大小。

**2** 油倒入平底锅里加热，翻炒材料B。同时在另一边烧开水并加盐，将意大利面和西蓝花一起煮。

煮意面的时候，需要比包装袋上写的煮面时间少一分钟。

每 100 克意大利面，差不多用 1 升水和 5 ~ 10 克盐来煮。

**3** 平底锅这边的火转成小火，加入步骤1的豆奶味噌汤，慢慢地加热，一定不能让它沸腾。当锅里变得黏稠时，加入煮过的意大利面条和西蓝花，均匀地蘸上汤汁就完成了！

即使不放鲜奶油，也能做出这样的奶油味！

装盘后撒上芝士粉和黑胡椒就可以吃了。

在收汁后稍微尝下味道，自行撒盐调节咸淡。

## 小知识

**豆奶分离的原因**

- 温度高于 63 摄氏度，豆奶就会分离
- 与酸性食材一起，豆奶就会分离（比如柠檬、番茄、咖啡等）
- 加入一定量的盐，豆奶就会分离（变成盐卤，成为固体了）

**不易分离的方法**

- 加入淀粉增加黏稠度
- 相比无添加豆奶，调制豆奶比较难分离

# 豆奶的浓厚和健康！番茄奶油乌冬面

**材料**
（2人份）

- 材料A
  - 洋葱：半个
  - 培根：80克
- 油：少许
- 材料B
  - 番茄块（盒装或罐装）：200克
  - 浓缩高汤（固体）：1块
  - 盐、胡椒：各少许
- 材料C
  - 豆奶：400毫升
  - 淀粉：1大匙
- 乌冬面：2把
- 干罗勒：适量

**1**

洋葱切成薄片，培根切丁。在平底锅中热油，翻炒材料A。

也可以用鸡肉或火腿代替培根。

洋葱变软后加入材料B，煮开后关火。

可以用菜刀将浓缩高汤切开，这样更容易煮化。

**2** 在另一个平底锅中放入材料**C**，用小火搅拌，注意不要让它沸腾。等变得黏稠，与步骤**1**合并，边将酱汁浇在食材上边用小火温热。

**3** 按照说明来煮乌冬面，然后放入步骤**2**的食材中，浇上酱汁后装盘，撒上罗勒就完成了。

## 小知识

# 用芝麻沙拉酱做的，超简单冷担担面

**材料**
（2人份）

材料A
- 芝麻沙拉酱：4大匙
- 鸡精：2小匙
- 水：150毫升

- 油：适量
- 大葱：半根
- 大蒜、生姜：各1片

材料B
- 猪肉肉糜：100～120克
- 味噌：1大匙
- 砂糖、酱油、蚝油：各1小匙
- 豆瓣酱：1/2小匙

- 青菜：1把
- 中华面：2把
- 葱白丝、笋干、芝麻、辣油：根据喜好调整

**1** 搅拌混合材料**A**，做成汤放进冰箱冷藏。

用大的容器或者盆来做的话只需要搅拌就行，很容易。

在平底锅中热油，翻炒切末的大葱、大蒜、生姜。大葱变得透明时，加入材料**B**继续翻炒，做成肉味噌。

如果是生姜酱和蒜泥酱，使用1又1/2小匙就好！

## 2

大锅里倒入大量水煮沸后，放入青菜煮1～2分钟后取出……

如果没有青菜，用菠菜或小油菜也行！

继续用之前的开水按照说明煮中华面，煮熟捞起后用冷水浸透。

用冷水浸透：用冷水洗去面条表面滑滑的东西，可以防止面条因为余热而粘在一起。

顺便说一下，冷水浸泡后的面条会变得有点硬。

煮面的时间各不同，要看好包装上的说明。

唰 唰 唰

## 3

在大碗里放入步骤**1**的汤和中华面，铺上步骤**1**的肉味噌和切成易入口大小的青菜。根据个人喜好的口味放入葱白丝、笋干，撒上芝麻，浇一圈辣椒油就完成了！

如果想吃热的，就加热步骤1的汤，边尝味边加味噌！

快点，下面就轮到我了！

吸溜

真好吃！

### 小知识

# 闪亮！滑溜！番茄冻挂面

**材料**
（2人份）

- 明胶粉：5克
- 水：2大匙
- 材料A
  - 番茄块：100克
  - 水：150毫升
  - 浓缩高汤（固体）：1块
  - 柠檬汁：1小匙
  - 砂糖：1小匙
  - 蚝油：1/2小匙
- 虾：8～12只
- 秋葵：3根
- 挂面：200克
- 罗勒：适量

## 1

首先将明胶粉泡在水里。

泡了以后如果不立刻使用，就不能很好地溶解，做出来的东西也都是疙瘩了。

还有，不能使用热水！

在小锅里放入材料A煮开，加入泡好的明胶粉搅拌均匀，倒入密封盒中放进冰箱冷却凝固。

如果有的话可以加入蒜末，美味升级！

# 2

剔除沙线的虾和秋葵在放了盐的开水中焯一下捞出，秋葵横切。用别的锅按照说明煮挂面，煮好后在冷水里浸泡。

如果要吃整只虾的话就带壳煮。虾头部往下的第 1 节和第 2 节之间，用牙签戳进去就能轻松地剔除沙线了。

带壳煮的话，虾肉收缩程度小，会美味满满！从虾背开始剥壳就能剥得很干净。

# 3

将挂面装盘，将步骤1的番茄冻用勺子轻轻搅拌后倒上去，加上虾、秋葵、罗勒就完成了！

喜欢吃辣的可以加入少量塔巴斯哥辣酱试试！又辣又好吃。

## 小知识

# 不用罗勒也美味！绿紫苏叶青酱乌冬面

**材料**
（2人份）
※做出的酱汁是两份

材料A
- 绿紫苏叶：30克
- 橄榄油：4大匙
- 杏仁粉：20克
- 芝士粉：15克
- 大蒜（磨泥）：1/2小匙
- 盐：1/4小匙

- 乌冬面：2把
- 梅干：1个
- 樱桃番茄、嫩玉米、绿芦笋等蔬菜：适量
- 芝麻：根据喜好调整

**1** 绿紫苏叶切末。将材料**A**搅拌混合，制作绿紫苏叶青酱。

绿紫苏叶要切得很碎很碎，如果用研钵碾碎就更好了！

有搅拌器的话就把食材全部放进去，咔咔咔搅拌就好了，不过我喜欢切碎的，那样会比较有口感！

## 2

梅干去核，切碎备用。如果想加入蔬菜，就洗净用盐水煮一下。到此准备工作完成，然后按照说明煮乌冬面。

我要用芦笋、番茄和嫩玉米！

不喜欢梅干的话，也可以不放。

## 3

趁步骤**2**的乌冬面还热着时候，浇上步骤**1**的酱汁。用盐（材料外）调味后装盘，加上蔬菜和梅干，撒上芝麻就完成了！

好吃！又爽口又香！

这道食谱做出的酱汁是两份的量，所以步骤3在面里浇一半的酱汁就够了。

推荐在中途把梅干拌进去的吃法！

### 小知识

专题2

# 简单的一人食

## 又软又弹的生鸡蛋盖饭

①先把鸡蛋放进冰箱冷冻一下。
②在做生鸡蛋盖饭两小时前，将鸡蛋从冷冻层取出，在室温下自然解冻。米饭盛入碗中，打入解冻了的鸡蛋，浇上酱油就完成了！还可以撒上木鱼花、芝士、辣油、拌饭调味料等。

## 烂烂的豆腐盖饭

①150克绢豆腐加入适量冷面汁、芝麻油、七味粉、小葱（横切成葱花），稍微拌一下。
②米饭盛入碗中，盖上步骤①的食材后撒上海苔丝就完成了！

# 只要搅拌的金枪鱼饭

①1根胡萝卜（切丝）、1罐金枪鱼罐头（连油一起）、1又1/2大匙酱油、1/2大匙味淋、1/2大匙砂糖（可根据个人喜好的口味调整用量）、1大匙料酒放入平底锅煮至留少许水分后用盐调味。

②300克大米煮好饭后，与步骤①的食材搅拌均匀就完成了！

# 烤鸡肉罐头做的亲子丼

①平底锅里放入半个洋葱（切薄片）、50毫升水、1大匙料酒、1大匙酱油、1大匙味淋、1罐烤鸡肉罐头，煮至洋葱熟透。

②当汤汁收到还剩一半左右，加入两个打散的鸡蛋，盖上锅盖并关火，用余热将鸡蛋加热至黏稠状态。

③米饭盛入碗中，盖上步骤②的食材即可。

# 山药泥明太子蛋包饭

①半把蟹味菇、半根大葱分别切碎。平底锅内涂上 10 克黄油，温热后倒入切好的蟹味菇和大葱，边撒盐和胡椒边翻炒。

②炒熟后，加入 1 碗米饭、2 小匙冷面汁、1 小匙鸡精翻炒均匀后装进盘中。

③温热的平底锅里涂上 10 克黄油，2 个鸡蛋和 2 大匙牛奶搅拌后倒入锅里。像做西式炒蛋那样大幅度搅拌，至半熟状态后关火。

④在步骤②的米饭上盖上步骤③的西式炒蛋，然后在上面铺混合好的 80 克山药磨成的山药泥和 40 克明太子，这样就完成了。最后撒上切好的小葱。

# 简单的墨西哥饭

①将 1 个鸡蛋打入大一点的玻璃杯中，加入 100 毫升水和 5 毫升醋。无需使用保鲜膜，用微波炉加热 1 分 10 秒后取出滤去水分，水煮荷包蛋就做好了。

中等个或者大个的鸡蛋加热 1 分 10 秒，小个的鸡蛋先加热 1 分钟观察下。

如果时间过长，鸡蛋会在微波炉里爆炸……

如果家里有，可以试着加入 1/2 小匙墨西哥番椒粉、少许红椒粉、少许孜然！

美味会升级到让你吃惊！

②平底锅里涂上油，倒入切碎的 1/4 个洋葱和 80 克鸡胸肉肉糜，加盐和胡椒翻炒。炒熟后，加入 1 又 1/2 匙番茄酱、1/2 大匙伍斯特郡酱再翻炒下。

如果喜欢清淡点就用鸡肉肉糜，如果想吃得过瘾就用猪肉肉糜！

喜欢辣的人在吃的时候可以撒上少量塔巴斯哥辣酱。

③在深一点的盘子里盛入米饭，将步骤②的肉糜放在中间，1/4 棵生菜切碎放入当作装饰。喜欢芝士的话可以撒一点芝士，周围放上切丁的番茄，最后在中央放步骤①的鸡蛋就完成了！

漫友文化
小海豹的点心，又来了！
（日）BOKU / 著
漫友文化 / 译
全民皆宜的料理食谱系列来袭，
小海豹的美味课堂，开始啦！
原版引进风靡日本的手绘料理书
BOKU 系列食谱日本销量突破 200000 册！
全新中文译本呈现，万众粉丝翘首期待
世上竟有不用烤箱的烘焙？！用平底锅和微波炉就能做出的 45 道超简单食谱！
用平底锅和电饭煲也能做出超级美味？！充满创意的 54 种美味等你揭开面纱！
冷冻、冷藏、便宜的肉类做出高级料理的美味？食物大作战！简单又美味的秘诀在此揭秘！
小海豹的点心，又来了！
小海豹的料理
小海豹的料理，又来了
定价：30.00 元　开本：32 开
漫友商城
mywhts.tmall.com